Ökumenischer Gottesdienst
zum gemeinsamen Reformationsgedenken 2017

2017 gemeinsam unterwegs

Predigtimpulse, den Text „Vom Konflikt zur Gemeinschaft",
Hintergründe und Ideen für Begleitveranstaltungen
zu diesem Gottesdienst finden Sie unter
www.2017gemeinsam.de

Vom Konflikt zur Gemeinschaft

Ökumenischer Gottesdienst
zum gemeinsamen
Reformationsgedenken 2017

Im Auftrag der
Liturgischen Arbeitsgruppe der
lutherisch/römisch-katholischen Kommission
für die Einheit

herausgegeben von
Theodor Dieter und Wolfgang Thönissen

EVANGELISCHE VERLAGSANSTALT
Leipzig

BONIFATIUS

Bibliografische Information der Deutschen Nationalbibliothek
Die deutsche Nationalbibliothek verzeichnet diese Publikation in der Deutschen Nationalbibliografie;
detaillierte bibliografische Daten sind im Internet über http://dnb.ddb.de abrufbar.

FSC
www.fsc.org
MIX
Papier aus verantwortungsvollen Quellen
FSC® C011558

ClimatePartner
klimaneutral gedruckt

Die CO₂-Emissionen dieses Produkts wurden durch CO₂-Emissionszertifikate ausgeglichen.

Zertifikatsnummer:
53323-1603-1082
www.climatepartner.com

Umschlagfoto: josef rapek / fotolia
Umschlaggrafik: Karin Cordes, Paderborn
Schrift- und Notensatz: Kontrapunkt Satzstudio Bautzen

© 2016 by Bonifatius GmbH Druck · Buch · Verlag Paderborn
und Evangelische Verlagsanstalt GmbH, Leipzig

Sammlung nach § 46 Abs. 3 UrhG (Kirche)

ISBN 978-3-89710-672-7 (Bonifatius)
ISBN 978-3-374-04526-6 (Evangelische Verlagsanstalt)

Alle Rechte vorbehalten. Das Werk einschließlich seiner Teile ist urheberrechtlich geschützt.
Jede Verwertung außerhalb der engen Grenzen des Urheberrechtsgesetzes ist ohne Zustimmung
des Verlages unzulässig und strafbar. Das gilt insbesondere für Vervielfältigungen, Übersetzungen,
Mikroverfilmungen und die Einspeicherung in elektronische Systeme.

Gesamtherstellung: Bonifatius GmbH Druck · Buch · Verlag Paderborn

Ökumenischer Gottesdienst zum Reformationsgedenken

1. Einführung

Diese Liturgie ist die Liturgie für eine ganz besondere Station auf dem Weg vom Konflikt zur Gemeinschaft zwischen Lutheranern und Katholiken. Sie bietet uns die Möglichkeit, in Dank und Schuldbekenntnis zurückzublicken; sie richtet aber auch den Blick nach vorne, indem wir uns selbst verpflichten, gemeinsam Zeugnis für unseren Glauben zu geben und unseren Weg gemeinsam weiter zu gehen.

Das ökumenische Gedenken am 500. Jahrestag der Reformation spiegelt in der liturgischen Struktur die Themen Dank, Buße, gemeinsames Zeugnis und gemeinsame Verpflichtung so wider, wie sie in dem Buch *Vom Konflikt zur Gemeinschaft* erarbeitet und entwickelt wurden. Bei diesem besonderen, einzigartigen ökumenischen Gedenken bestimmen Dank und Klage, Freude und Buße das Singen und Beten, wenn wir der christlichen Gaben, die wir durch die Reformation empfangen haben, gedenken und um Vergebung für die Trennung, die wir aufrechterhalten, bitten. Dank und Klage stehen jedoch nicht allein. Sie führen uns zum gemeinsamen Zeugnis und zur gemeinsamen Verpflichtung einander gegenüber und für die Welt. Die Merkmale dieses ökumenischen Gottesdienstes spiegeln auch die Wirklichkeit des christlichen Lebens: Herausgerufen durch das Wort Gottes sind die Menschen gesandt zu gemeinsamem Zeugnis und Dienst.

2. Eine praktische Anleitung

Verteilung der Aufgaben im Gottesdienst

Für diese ökumenische Gedenkfeier sind zwei Liturgen und zwei Lektoren vorgesehen.[1] Der eine Liturg soll lutherisch, der andere katholisch sein; der eine Lektor soll katholisch, der andere lutherisch sein. Liturg und Lektor sollten nicht dieselbe Person sein.

In der zweiten Hälfte des Gottesdienstes werden weitere Lektoren und Personen, die die Fürbitten sprechen, einbezogen. Sie sollten andere sein als Liturg 1 und 2 und Lektor 1 und 2. Wenn ökumenische Gäste anwesend sind, können sie hier zur Teilnahme eingeladen werden.

Hinweise zum Gottesdienst

Eröffnung

Nach dem Eingangslied begrüßen die beiden Liturgen die versammelte Gemeinde und laden sie ein, am ökumenischen Gottesdienst teilzunehmen. Anschließend liest ein Lektor einen Abschnitt aus dem Studiendokument *Vom Konflikt zur Gemeinschaft*, der darlegt, warum wir als Lutheraner und Katholiken zusammengekommen sind. Diese Textpassage beinhaltet auch eine Lesung aus der Heiligen Schrift (1 Korinther 12,26). Ein Liturg beschließt diesen Abschnitt mit einer Bitte um den Heiligen Geist. Die Gemeinde nimmt dieses Gebet mit einem Lied auf, das den Heiligen Geist bittet, er möge Herzen und Gebete erleuchten.

Dank

Nach der Eröffnung schauen wir gemeinsam in Dank und Buße zurück. Diese zwei Abschnitte beginnen mit Lesungen und Reflexionen sowohl aus katholischer als auch aus lutherischer Sicht. Der Dank schließt mit einem Dankgebet und einem Danklied. Die Buße führt hin zum Schuldbekenntnis, zum Beten von Psalm 130, der Verheißung der Vergebung durch Christus und zum Friedensgruß.

---

1 Alle in dieser Einführung und im Gottesdienst-Entwurf verwendeten Bezeichnungen für liturgische Dienste beziehen sich gleichermaßen auf Frauen und Männer.

Der Abschnitt mit der Überschrift *Dank* drückt unsere gemeinsame Freude aus über die Gaben, die wir auf verschiedene Weise durch die Erneuerung und die Impulse der Reformation erhalten oder wiederentdeckt haben. Nach dem Dankgebet singt die Gemeinde ein Lied, in dem sie Gott für seine Werke preist und dankt.

Buße

Nach zwei Lesungen, die erläutern, worauf sich das Schuldbekenntnis bezieht, sprechen die Liturgen mit der Gemeinde ein dreiteiliges Gebet. Im ersten Teil klagt die Gemeinde, dass auch gute Reformen oft unbeabsichtigte negative Folgen hatten. Im zweiten Teil erkennt die Gemeinde die Schuld der Vergangenheit an. Im letzten Teil bekennt die Gemeinde ihre eigene Selbstgenügsamkeit, die die Trennungen der Vergangenheit aufrechterhalten hat und auch heute noch Mauern errichtet. Die Gemeinde macht sich das Gebet zu eigen, indem sie auf jeden Teil mit einem gesungenen *Kyrie eleison* antwortet.

Anschließend wird Psalm 130 („Aus der Tiefe rufe ich, Herr, zu dir") gebetet. Auf den Psalm folgt die Verheißung der Vergebung durch Christus, die von den Liturgen gemeinsam oder im Wechsel gesprochen wird. Sie laden die Gemeinde ein, den Frieden und die Versöhnung miteinander zu teilen. Währenddessen kann „Ubi Caritas" (Taizé) gesungen werden. Dieses Lied lenkt den Blick auf das Thema Einheit: Wo Güte ist und Liebe, da ist Gott. Dieses Lied kann so lange wiederholt werden wie es dauert, den Friedensgruß auszutauschen.

Gemeinsames Zeugnis und gemeinsame Verpflichtung

Nun folgt der dritte Teil des Gottesdienstes. Dank und Buße führen die Gemeinde zum gemeinsamen Zeugnis, zur gemeinsamen Verpflichtung und zum gemeinsamen Dienst.

Nach dem Friedensgruß hört die Gemeinde das Evangelium, das einer der Lektoren liest. Das Evangelium nach Johannes 15 stellt Jesus Christus in den Mittelpunkt. Ohne Christus können wir nichts vollbringen. Als Antwort auf das gehörte Evangelium halten die Liturgen eine gemeinsame Predigt (siehe Anmerkungen zur Predigt).

Die Gemeinde bekennt daraufhin ihren gemeinsamen Glauben mit dem Lied Martin Luthers „Wir glauben all an einen Gott"; dieses Lied nimmt alte Glaubenstraditionen auf.

Das Bekenntnislied führt die Gemeinde vom gehörten Wort Gottes zu den besonderen Verpflichtungen, die die fünf Imperative des Buches „Vom Konflikt zur Gemeinschaft" aufnehmen.

Die fünf Imperative oder Verpflichtungen werden im Gottesdienst vorgetragen. Dies könnten junge Menschen übernehmen. Nach jedem vorgetragenen Imperativ entzündet eine Person (eventuell ein Kind oder ein Partner einer konfessionsverbindenden Ehe) eine der fünf großen Kerzen, die entweder auf dem Altar oder in einem schönen Arrangement in der Nähe des Altars stehen. Die fünf Kerzen werden mit dem Licht der Osterkerze entzündet. Das nimmt noch einmal die Lesung aus dem Evangelium auf: Ohne Christus können wir nichts vollbringen. Die Osterkerze kann auch in der Nähe des Taufbeckens stehen.

Nachdem die fünf Verpflichtungen vorgelesen worden sind, wird ein Lied gesungen.

Es folgen die Fürbitten. Sie sind an den Gott gerichtet, dessen Barmherzigkeit ewig währt; sie können an Ort und Zeit angepasst, ergänzt oder bearbeitet werden, wie es die Situation vor Ort und die Situation in der Welt erfordern.

Hieran schließt sich das Vaterunser an. Der ökumenische Gottesdienst endet mit Dank und Segen, der von beiden Liturgen gespendet wird.

Das gesungene Lied nach dem Segen entlässt uns mit Freude in die Welt.

Anmerkungen zur Predigt

Die Predigt sollte die Verbindung von Jesus Christus als Fundament und Zentrum der Kirche (Johannes 15) und der Gedenkfeier am 500. Jahrestag der Reformation als Teil des Weges *vom Konflikt zur Gemeinschaft* bedenken. Die Gemeinde soll ermutigt werden zum anhaltenden Engagement im gemeinsamen Zeugnis, im gemeinsamen Dienst und zum Gebet für die Einheit.

Da die Reformatoren ihre Hauptaufgabe darin sahen, Christus als „den Weg, die Wahrheit und das Leben" in den Mittelpunkt zu stellen und die Menschen aufgerufen haben, Christus zu vertrauen, soll die Gedenkfeier der Reformation ein Christusfest sein. Christus soll gefeiert werden. Martin Luther und die anderen Reformatoren sind nur „Zeugen Jesu Christi".

Da die Predigt (oder die beiden Predigten) nicht zu lang sein sollte(n), sollte(n) der/die Prediger sich auf Johannes 15 und die Verbindung mit dem Weg *vom Konflikt zur Gemeinschaft* – wie oben beschrieben – konzentrieren. Zur Veranschaulichung können Elemente des Dankes und der Buße verwendet werden, die bereits früher im Gottesdienst aufgenommen wurden, ebenso können Erfahrungen der jeweiligen Gemeinde erwähnt werden. Es sollten jedoch nicht zu viele Punkte angesprochen werden. Die Predigt sollte ein klare Linie haben: Sie soll sich auf Christus konzentrieren, auf das Zeugnis für Christus, das Streben nach der Einheit des einen Weinstocks und der Sendung zu gemeinsamem Dienst mit und für andere in Gemeinschaft mit Christus.

Kapitel 5 des Buches *Vom Konflikt zur Gemeinschaft* kann besonders hilfreich dabei sein, eine Gliederung für eine gemeinsame Predigt zu erstellen, da es einige Zusammenfassungen enthält.

Die Prediger können auch über die fünf Imperative aus Kapitel 6 sprechen. Diese Imperative können im Zusammenhang mit dem lokalen Kontext weiterentwickelt werden.

Der Predigttext ist Johannes 15,1–5.

- Christus nennt sich selbst „den wahren Weinstock", aber ein Weinstock kann ohne Reben keine Frucht hervorbringen: Christus möchte nicht ohne die Kirche sein, wie die Kirche ohne ihn nichts ist: Ohne Christus können wir nichts vollbringen.
- Es gibt nur *einen* wahren Weinstock. Alle Reben sind Reben dieses *einen* Weinstocks, und so sind wir aufgerufen zur Einheit. Wenn wir näher zu Christus kommen, kommen wir auch einander näher. Das Johannes-Evangelium ist auf die Gemeinschaft mit Christus gerichtet, der das Antlitz der Barmherzigkeit des Vaters ist.
- Die Reben sind dazu da, Früchte zu tragen in Zeugnis und Dienst. Die an Christus Glaubenden und die Kirche als ganze bezeugen die Gabe, die ihnen gegeben worden ist. Sie sind Zeugen für das Leben mit Christus

und für die Erlösung durch Christus. Die Welt, die Gott ständig vergisst, braucht dringend dieses Zeugnis. In der Gemeinschaft mit Christus sind wir aufgerufen, anderen zu dienen, wie Christus uns dient. Im gegenwärtigen Kontext ist eine wichtige Frucht das Verlangen nach Einheit, das Streben nach Einheit und die Verpflichtung, den Weg zur Einheit fortzusetzen. Das Bild des Weinstocks und der Zweige ist ein Bild des Wachsens. Auf dem ökumenischen Weg verpflichten wir uns zum Wachstum mit allem, was zum Wachstum dazu gehört.

– Die Reben bedürfen ständiger Reinigung: *ecclesia semper reformanda*. Das besondere Augenmerk, das Johannes 15 auf die Früchte und die Reinigung der Reben legt, fordert uns heraus, uns selbstkritisch zu betrachten. Das ermöglicht es, wieder zu dem Element der Buße im Gottesdienst zurückzukommen; der Blick sollte aber eher in die Zukunft gerichtet sein: Es ist der Ruf zu immer neuer Umkehr zu Christus und zum Nächsten in der Kraft des Heiligen Geistes als Überwindung der Selbstzentriertheit der Menschen wie auch der Kirchen. Auch hier können die Imperative mit ihrer Beschreibung dieses Aufrufs zur Umkehr und zur Einheit hilfreich sein.

– Das Herzstück dieses Texts ist die Feststellung, dass wir ohne Christus nichts vollbringen können. Christus ist der Mittelpunkt. Unser Weg des Glaubens, unser gemeinsamer Weg, unsere Verpflichtung zum gemeinsamen Zeugnis und zum gemeinsamen Dienst: all das hat seinen Ursprung in Jesus Christus.

– Diese Gemeinschaft oder Beziehung zueinander ist nicht nur eine individuelle, sondern auch eine gemeinschaftliche. Sie spiegelt sich in der gemeinsamen Verpflichtung und im gemeinsamen Zeugnis, in einem gemeinsamen Ziel und im gemeinsamen Dienst in der Welt und für die Welt und mit der Welt.

– „Einssein" im Ziel und im Dienst bezeugt Gott, der die Liebe ist. „Dass alle eins seien, damit die Welt glaubt …" (Johannes 17).

– „Bleiben": In Christus zu bleiben schließt ein, miteinander in Gemeinschaft zu sein. Indem man in der Gemeinschaft bleibt, der Gemeinschaft und Versöhnung verpflichtet, geschieht es, dass gute Frucht entsteht. Einen guten Baum erkennt man an seinen guten Früchten. Ein guter Baum ist einer, der nicht in sich selbst gespalten ist.

Theodor Dieter, Dirk Lange, Wolfgang Thönissen

Ökumenischer Gottesdienst
Vom Konflikt zur Gemeinschaft

Gemeinsames Lutherisch-Katholisches Reformationsgedenken

Eröffnung

Lied *Strahlen brechen viele* EG 268,1–5

1 Strah-len bre-chen vie-le aus ei-nem Licht. Un-ser Licht heißt Chris-tus. Strah-len bre-chen vie-le aus ei-nem Licht – und wir sind eins durch ihn.

2 Zweige wachsen viele aus einem Stamm.
Unser Stamm heißt Christus.
Zweige wachsen viele aus einem Stamm –
und wir sind eins durch ihn.

3 Gaben gibt es viele, Liebe vereint.
Liebe schenkt uns Christus.
Gaben gibt es viele, Liebe vereint –
und wir sind eins durch ihn.

4 Dienste leben viele aus einem Geist,
Geist von Jesus Christus.
Dienste leben viele aus einem Geist –
und wir sind eins durch ihn.

5 Glieder sind es viele, doch nur ein Leib.
Wir sind Glieder Christi.
Glieder sind es viele, doch nur ein Leib –
und wir sind eine durch ihn.

T: Dieter Trautwein 1976
nach dem schwedischen
Original „Lågorna är många,
ljuset är ett" von Anders
Frostenson (1972) 1974;
M: Olle Widestrand 1974

LITURG 1
Im Namen des Vaters und des Sohnes und des Heiligen Geistes.

GEMEINDE Amen.

LITURG 1
Unsere Hilfe steht im Namen des Herrn,

GEMEINDE der Himmel und Erde gemacht hat.

LITURG 2
Die Gnade unseres Herrn Jesus Christus und die Liebe Gottes und die Gemeinschaft des Heiligen Geistes sei mit euch allen.

GEMEINDE Und mit deinem Geist!

LITURG 1
Liebe Schwestern und Brüder in Christus! Willkommen zu diesem ökumenischen Gottesdienst, in dem wir gemeinsam der Reformation vor 500 Jahren gedenken. Seit mehr als 50 Jahren befinden sich Lutheraner und Katholiken auf dem Weg vom Konflikt zur Gemeinschaft. Mit Freude haben wir erkannt, dass das, was uns verbindet, viel größer ist als das, was uns trennt. Auf diesem Weg sind Verständnis füreinander und Vertrauen zueinander gewachsen.

LITURG 2
Deshalb ist es möglich, dass wir uns heute hier versammeln. Wir kommen mit unterschiedlichen Gedanken und Gefühlen, mit Dankbarkeit und Klage, mit Freude und Schmerz, mit der Freude am Evangelium und der Trauer wegen der Spaltung. Wir sind zusammengekommen, um zu gedenken: in Dank und Schuldbekenntnis, in gemeinsamem Zeugnis und Verpflichtung.

LEKTOR 1

Im Dokument *Vom Konflikt zur Gemeinschaft* lesen wir, dass „die Kirche der Leib Christi ist. Da es nur einen Christus gibt, kann es auch nur einen Leib geben. Durch die Taufe werden die Menschen zu Gliedern dieses Leibes" (Nr. 219). „Weil Katholiken und Lutheraner als Glieder des Leibes Christi miteinander verbunden sind, trifft auf sie zu, was Paulus in 1 Kor 12,26 sagt: ‚Wenn darum ein Glied leidet, leiden alle Glieder mit; wenn ein Glied geehrt wird, freuen sich alle anderen mit ihm.' Was ein Glied des Leibes betrifft, betrifft auch alle anderen. Wenn also die evangelischen Christen der Ereignisse gedenken, die zu der besonderen Gestalt ihrer Kirchen geführt haben, möchten sie das nicht ohne ihre katholischen Mitchristen tun. Indem sie miteinander des Reformationsbeginns gedenken, nehmen sie ihre Taufe ernst" (Nr. 221).

LITURG 1
Lasset uns beten!

KURZE STILLE

Jesus Christus, Herr der Kirche, sende uns deinen Heiligen Geist! Erleuchte unsere Herzen und heile unsere Erinnerungen. O Heiliger Geist: Hilf uns, dass wir uns über die wahrhaft christlichen Gaben freuen, die durch die Reformation in die Kirche gekommen sind. Mach uns bereit, Buße zu tun für die trennenden Mauern, die wir und unsere Vorfahren errichtet haben, und rüste uns zu gemeinsamem Zeugnis und Dienst in der Welt.

GEMEINDE Amen.

Lied *Nun bitten wir den Heiligen Geist* Text EG 124,1–3 / Melodie GL 348

2 Du wertes Licht, gib uns deinen Schein, / lehr uns Jesus Christ kennen allein, / dass wir an ihm bleiben, dem treuen Heiland, / der uns bracht hat zum rechten Vaterland. Kyrieleis.

3 Du süße Lieb, schenk uns deine Gunst, / lass uns empfinden der Lieb Inbrunst, / dass wir uns von Herzen einander lieben / und im Frieden auf einem Sinn bleiben. Kyrieleis.

T: Str. 1: Berthold von Regensburg, 13. Jh., Str. 2–3: Martin Luther 1524; M: 14. Jh. / Neufassung 1970

Dank

LEKTOR 1
Lesung aus *Vom Konflikt zur Gemeinschaft*

„Lutheraner sind von Herzen dankbar für das, was Luther und die anderen Reformatoren ihnen eröffnet haben: das Verständnis des Evangeliums von Jesus Christus und des Glaubens an ihn; die Einsicht in das Geheimnis des Dreieinigen Gottes, der sich selbst aus Gnade uns Menschen schenkt und der nur im vollen Vertrauen in die göttliche Verheißung empfangen werden kann; die Einsicht in die Freiheit und Gewissheit, die das Evangelium schafft; die Einsicht in die Liebe, die aus dem Glauben kommt und durch ihn erweckt wird, und in die Hoffnung im Leben und im Tod, die der Glaube mit sich bringt; den lebendigen Umgang mit der Heiligen Schrift, die Katechismen und Kirchenlieder, die den Glauben in das Leben ziehen" (Nr. 225), das Priestertum aller getauften Gläubigen und ihre Berufung zur gemeinsamen Sendung der Kirche. „Lutheranern ist auch bewusst, dass das, wofür sie Gott danken, kein Geschenk ist, das sie nur für sich beanspruchen können. Sie möchten dieses Geschenk mit allen anderen Christen teilen" (Nr. 226).

LEKTOR 2

„Katholiken und Lutheraner haben so viele Gemeinsamkeiten im Glauben, dass sie gemeinsam dankbar sein können" (Nr. 226). Ermutigt durch das Zweite Vatikanische Konzil, „anerkennen und hochschätzen die Katholiken mit Freude die wahrhaft christlichen Güter aus dem gemeinsamen Erbe, die sich bei den von uns getrennten Brüdern finden. Es ist billig und heilsam, die Reichtümer Christi und das Wirken der Geisteskräfte im Leben der anderen anzuerkennen, die für Christus Zeugnis geben, manchmal bis zur Hingabe des Lebens: Denn Gott ist immer wunderbar und bewunderungswürdig in seinen Werken" (*Unitatis Redintegratio*, Kapitel 1). In diesem Geist umarmen Katholiken und Lutheraner einander als Schwestern und Brüder im Herrn. Miteinander freuen sie sich an den wahrhaft christlichen Gaben, die beide auf unterschiedliche Weise durch die Erneuerung und die Impulse der Reformation empfangen oder wiederentdeckt haben. Diese Gaben sind der Grund für ihren Dank.

„Der ökumenische Weg ermöglicht es Lutheranern und Katholiken, gemeinsam Martin Luthers Einsicht und seine geistliche Erfahrung des Evangeliums von der Gerechtigkeit Gottes, die zugleich die Gnade Gottes ist, zu verstehen und zu würdigen" (Nr. 244).

LITURG 2 Lasset uns beten!

KURZE STILLE

Dank sei dir, o Gott, für die vielen wegweisenden theologischen und geistlichen Einsichten, die uns allen durch die Reformation zuteil geworden sind. Wir danken dir für alle guten Veränderungen und Reformen, die durch die Reformation selbst oder durch das Ringen mit ihren Herausforderungen hervorgerufen wurden. Wir danken dir für die Verkündigung des Evangeliums, die in der Reformationszeit gepflegt wurde und die seitdem zahllosen Menschen die Kraft gegeben hat, ein Leben im Glauben an Jesus Christus zu führen.

GEMEINDE Amen.

Lied *Laudate Dominum omnes gentes*   GL 394

T: Ps 117,1.2; M u. S: Jacques Berthier (1923–1994), Gesang aus Taizé; Ü: Lobt den Herrn, alle Völker.

Buße

LEKTOR 1

„Wie das gemeinsame Gedenken 2017 Freude und Dankbarkeit zum Ausdruck bringt, muss es Lutheranern und Katholiken auch Raum geben, den Schmerz über Versagen und Verletzungen, Schuld und Sünde in den Personen und Ereignissen, an die erinnert wird, wahrzunehmen" (Nr. 228). „Im 16. Jahrhundert haben Katholiken und Lutheraner ihre Gegner oft nicht nur missverstanden, vielmehr stellten sie deren Meinung übertrieben dar und karikierten sie, um sie lächerlich zu machen. Sie verstießen immer wieder gegen das achte Gebot, das verbietet, falsches Zeugnis wider den Nächsten zu geben" (Nr. 233).

LEKTOR 2

Lutheraner und Katholiken haben sich oft auf das konzentriert, was sie voneinander trennt, anstatt auf das zu sehen, was sie eint. Sie haben akzeptiert, dass das Evangelium mit den politischen und ökonomischen Interessen der Machthaber verwoben wurde. Ihr Versagen führte zum Tod von Hunderttausenden von Menschen. Familien wurden auseinandergerissen, Menschen wurden gefangen genommen und gefoltert, Kriege wurden geführt und Religion und Glaube wurden missbraucht. Menschen litten, und die Glaubwürdigkeit des Evangeliums wurde beschädigt mit Konsequenzen, die auch heute noch wirksam sind. Wir bedauern zutiefst das Böse, das Katholiken und Lutheraner einander angetan haben.

LITURG 1   Lasset uns beten!

KURZE STILLE

LITURG 2
O Gott der Barmherzigkeit, wir klagen vor dir, dass auch gute Reformen und Erneuerungen oft unbeabsichtigte negative Konsequenzen hatten.

GEMEINDE   *Kyrie eleison (Herr, erbarme dich)*   EG 178.9 / GL 155

T: Liturgie; M: aus der Ukraine; S: Heinz Martin Lonquich (*1937)

LITURG 1
Wir bringen vor dich die Last der Schuld der Vergangenheit, als unsere Vorfahren deinem Willen nicht gefolgt sind, dass alle eins seien in der Wahrheit des Evangeliums.

GEMEINDE   *singt „Kyrie eleison ..."*

LITURG 2

Wir bekennen, dass wir die Trennungen der Vergangenheit in unserem eigenen Denken und Tun aufrechterhalten. Als Gemeinschaften und als Individuen bauen wir viele Mauern um uns herum: geistige, geistliche, physische, politische Mauern, die zu Diskriminierung und Gewalt führen. Vergib uns, Herr.

GEMEINDE *singt „Kyrie eleison ..."*

Psalm 130 Der Psalm kann als Psalm gesungen oder der ganze Psalm im Wechsel gelesen werden.

LITURG 2

Aus der Tiefe rufe ich, Herr, zu dir. Herr, höre meine Stimme!
Lass deine Ohren merken auf die Stimme meines Flehens!
    Wenn du, Herr, Sünden anrechnen willst –
    Herr, wer wird bestehen?
Denn bei dir ist die Vergebung,
dass man dich fürchte.
    Ich harre des Herrn, meine Seele harrt;
    und ich hoffe auf sein Wort.
Meine Seele wartet auf den Herrn mehr als die Wächter auf den Morgen;
mehr als die Wächter auf den Morgen hoffe Israel auf den Herrn!
    Denn bei dem Herrn ist die Gnade
    und viel Erlösung bei ihm.
Und er wird Israel erlösen
aus allen seinen Sünden.

Ehre sei dem Vater und dem Sohne und dem Heiligen Geiste,
wie es war im Anfang, so auch jetzt und allezeit, und in Ewigkeit. Amen.

LITURG I UND **LITURG II** Diese Worte können gemeinsam oder im Wechsel gesprochen werden.

Christus ist der Weg, die Wahrheit und das Leben. Er ist unser Friede, der die trennenden Mauern niederreißt, der uns durch den Heiligen Geist immer wieder einen Neuanfang ermöglicht.

Durch Christus erfahren wir Vergebung und Versöhnung, durch ihn werden wir gestärkt für ein treues, gemeinsames Zeugnis in unserer Zeit.

GEMEINDE Amen.

Der Friedensgruß

LITURG II

Der Friede Christi herrsche in euren Herzen, denn als Glieder des einen Leibes seid ihr zum Frieden berufen.

Der Friede des Herrn sei allezeit mit Euch!

GEMEINDE Und mit deinem Geiste!

LITURG I

Gebt einander ein Zeichen des Friedens und der Versöhnung.

Friedensgruß

<small>Währenddessen kann „Ubi Caritas" oder ein anderes Lied gesungen werden.</small>

Gemeinsames Zeugnis und gemeinsame Verpflichtung

LEKTOR 1

Weil wir unseren Weg vom Konflikt zur Gemeinschaft fortsetzen, lasst uns das Evangelium nach Johannes hören:

Ich bin der wahre Weinstock, und mein Vater ist der Winzer. Jede Rebe an mir, die keine Frucht bringt, schneidet er ab, und jede Rebe, die Frucht bringt, reinigt er, damit sie mehr Frucht bringt. Ihr seid schon rein durch das Wort, das ich zu euch gesagt habe. Bleibt in mir, dann bleibe ich in euch. Wie die Rebe aus sich keine Frucht bringen kann, sondern nur, wenn sie am Weinstock bleibt, so könnt auch ihr keine Frucht bringen, wenn ihr nicht in mir bleibt. Ich bin der Weinstock, ihr seid die Reben. Wer in mir bleibt und in wem ich bleibe, der bringt reiche Frucht; denn getrennt von mir könnt ihr nichts vollbringen. (Johannes 15,1–5)

Evangelium unseres Herrn Jesus Christus.

GEMEINDE Lob sei dir, Christus.

Gemeinsame Predigt

LITURG I
Lasst uns gemeinsam unseren Glauben bekennen
(mit EG 183)

2 Wir glauben auch an Jesus Christ,
seinen Sohn und unsern Herren,
der ewig bei dem Vater ist,
gleicher Gott von Macht und Ehren,
von Maria, der Jungfrauen,
ist ein wahrer Mensch geboren
durch den Heilgen Geist im Glauben;
für uns, die wir warn verloren,
am Kreuz gestorben und vom Tod
wieder auferstanden durch Gott.

3 Wir glauben an den Heilgen Geist,
Gott mit Vater und dem Sohne,
der aller Schwachen Tröster heißt
und mit Gaben zieret schöne,
die ganze Christenheit auf Erden
hält in einem Sinn gar eben;
hier all Sünd vergeben werden,
das Fleisch soll auch wieder leben.
Nach diesem Elend ist bereit'
uns ein Leben in Ewigkeit.
Amen.

T: Martin Luther 1524 nach einer lateinischen und deutschen Strophe Breslau 1417 und Zwickau um 1500
M: 15. Jh. / Wittenberg 1524

Verpflichtung: Die fünf Imperative

LITURG II

Unser ökumenischer Weg geht weiter. In diesem Gottesdienst verpflichten wir uns, alles zu tun, dass unsere Gemeinschaft wachsen kann. Die fünf Imperative aus „Vom Konflikt zur Gemeinschaft" werden uns dabei leiten.

Eine große Kerze wird jedes Mal entzündet, wenn eine Verpflichtung vorgetragen worden ist. Das Licht kann jedes Mal von der Osterkerze genommen werden. Junge Leute können gefragt werden, ob sie die fünf Verpflichtungen vorlesen möchten, und die Kerzen können von Kindern und Familien entzündet werden. Die Orgel oder andere Instrumente spielen die Melodie eines Liedes wie „Meine Hoffnung und meine Freude" (Taizé) oder ein anderes Lied als Begleitung zum Entzünden der Kerzen.

1 Unsere erste Verpflichtung: „Katholiken und Lutheraner sollen immer von der Perspektive der Einheit und nicht von der Perspektive der Spaltung ausgehen, um das zu stärken, was sie gemeinsam haben, auch wenn es viel leichter ist, die Unterschiede zu sehen und zu erfahren" (Nr. 239).

Eine Kerze wird entzündet.

2 Unsere zweite Verpflichtung: „Lutheraner und Katholiken müssen sich selbst ständig durch die Begegnung mit dem Anderen und durch das gegenseitige Zeugnis des Glaubens verändern lassen" (Nr. 240).

Eine Kerze wird entzündet.

3 Unsere dritte Verpflichtung: „Katholiken und Lutheraner sollen sich erneut dazu verpflichten, die sichtbare Einheit zu suchen, sie sollen gemeinsam erarbeiten, welche konkreten Schritte das bedeutet, und sie sollen immer neu nach diesem Ziel streben" (Nr. 241).

Eine Kerze wird entzündet.

4 Unsere vierte Verpflichtung: „Lutheraner und Katholiken müssen gemeinsam die Kraft des Evangeliums Jesu Christi für unsere Zeit wiederentdecken" (Nr. 242).

Eine Kerze wird entzündet.

5 Unsere fünfte Verpflichtung: „Katholiken und Lutheraner sollen in der Verkündigung und im Dienst an der Welt zusammen Zeugnis für Gottes Gnade ablegen" (Nr. 243).

Eine Kerze wird entzündet.

Lied *Nun singe Lob, du Christenheit*   GL 487,1–5

2 der Frieden uns und Freude gibt, / den Geist der Heiligkeit,
der uns als seine Kirche liebt, / ihr Einigkeit verleiht.

3 Er lasse uns Geschwister sein, / der Eintracht uns erfreun,
als seiner Liebe Widerschein / die Christenheit erneun.

4 Du guter Hirt, Herr Jesu Christ, / steh deiner Kirche bei,
dass über allem, was da ist, / ein Herr, ein Glaube sei.

5 Herr, mache uns im Glauben treu, / und in der Wahrheit frei,
dass unsre Liebe immer neu / der Einheit Zeugnis sei.

T: Georg Thurmair (1964) 1967 / AÖL 1991; M: Johann Crüger 1653 nach Loys Bourgeois 1551

Fürbitten

Die Personen, die die Fürbitten vortragen, können andere sein als diejenigen, die bisher gelesen haben.

LITURG I
„Ökumenisches Engagement für die Einheit der Kirche dient nicht nur der Kirche selbst, sondern auch der Welt, damit die Welt glaubt." [243] Lasst uns nun für die Welt, für die Kirche und für alle Bedürftigen bitten:

1 Gott der Barmherzigkeit, in der Geschichte bewährt sich deine Güte. Öffne die Herzen aller Menschen, damit sie dich finden und deine Barmherzigkeit, die ewig währt. Christus, höre uns.

GEMEINDE Christus, erhöre uns.

2 Gott des Friedens, bewege das, was unbeweglich ist, die trennenden Schranken, die Gegebenheiten, die eine Versöhnung verhindern. Bringe Frieden in diese Welt, insbesondere in (Name des Landes, Orte …). Mache Zerbrochenes wieder ganz und zeige uns dein Erbarmen! Christus, höre uns.

GEMEINDE Christus, erhöre uns.

3 Gott der Gerechtigkeit, Heiler und Erlöser, heile die, die an Krankheiten, Armut und Ausgrenzung leiden. Stelle die Gerechtigkeit für die wieder her, die unter der Macht des Bösen leiden. Schenke allen neues Leben und zeige uns dein Erbarmen! Christus, höre uns.

GEMEINDE Christus, erhöre uns.

4 Gott, Fels und Festung, beschütze die Flüchtlinge, diejenigen ohne ein Zuhause oder ohne Sicherheit, alle verlassenen Kinder. Hilf uns, die Menschenwürde immer zu verteidigen. Zeige uns dein Erbarmen! Christus, höre uns.

GEMEINDE Christus, erhöre uns.

5 Gott Schöpfer, die gesamte Schöpfung seufzt in Erwartung. Lass nicht zu, dass wir sie ausbeuten. Lehre uns, im Einklang mit deiner Schöpfung zu leben. Zeige uns dein Erbarmen! Christus, höre uns.

GEMEINDE Christus, erhöre uns.

6 Gott des Erbarmens, stärke und beschütze alle, die wegen ihres Glaubens an dich verfolgt werden, und die Menschen anderen Glaubens, die unter Verfolgung leiden. Gib uns den Mut, unseren Glauben zu bekennen. Dein Erbarmen währt ewig. Christus, höre uns.

GEMEINDE Christus, erhöre uns.

7 Gott des Lebens, heile schmerzvolle Erinnerungen, verwandle alle Selbstgefälligkeit, Gleichgültigkeit und Ignoranz, gieße den Geist der Versöhnung über uns aus. Wende uns zu dir und zueinander. Zeige uns dein Erbarmen! Christus, höre uns.

GEMEINDE Christus, erhöre uns.

8 Gott der Liebe, dein Sohn Jesus offenbart das Geheimnis der Liebe unter uns. Stärke die Einheit, die du allein in unserer Verschiedenheit erhältst. Deine Güte währt ewig! Christus, höre uns!

GEMEINDE Christus, erhöre uns.

9 Gott, Erhalter und Ernährer, führe uns an deinem eucharistischen Tisch zusammen, fördere unsere Gemeinschaft miteinander und untereinander – eine Gemeinschaft, die in deiner Liebe wurzelt. Dein Erbarmen währt ewig! Christus, höre uns!

GEMEINDE Christus, erhöre uns!

LITURG II
Im Vertrauen darauf, dass du, o Gott, unsere Bitten hörst für die Welt und dafür, dass alle Christen in ihrem Zeugnis eins sind, beten wir, wie Jesus uns gelehrt hat ...

Vaterunser

Vater unser …

LITURG I
Für alles, was Gott in uns und durch uns tut, für alles, was Gott ohne uns tut,

GEMEINDE   Dank sei Gott!

LITURG II
Für alle, in denen Christus vor uns gelebt hat, für alle, in denen Christus neben uns lebt,

GEMEINDE   Dank sei Gott!

LITURG I
Für alles, was uns sein Geist bringt, dafür, wohin sein Geist uns sendet: vom Konflikt zur Gemeinschaft,

GEMEINDE   Dank sei Gott!

LITURGEN   zusammen
Der Segen Gottes des Vaters, des Sohnes und des Heiligen Geistes sei mit euch und auf eurem gemeinsamen Weg, jetzt und in Ewigkeit,

GEMEINDE   Amen.

Lied *Nun danket alle, Gott* EG 321,1–3 = GL 405,1–3

2 Der ewigreiche Gott
woll uns in unserm Leben
ein immer fröhlich Herz
und edlen Frieden geben
und uns in seiner Gnad
erhalten fort und fort
und uns aus aller Not
erlösen hier und dort.

3 Lob, Ehr und Preis sei Gott
dem Vater und dem Sohne
und Gott dem Heilgen Geist
im höchsten Himmelsthrone,
ihm, dem dreieinen Gott,
wie es im Anfang war
und ist und bleiben wird
so jetzt und immerdar.

T: Martin Rinckart 1636; M: nach Johann Crüger (1647) 1653

Musik zum Auszug

Liedrechte

Strahlen brechen viele aus einem Licht
Melodie: Olle Widestrand. Rechte: Urheber
(Deutscher) Text: Dieter Trautwein. Rechte: Strube Verlag GmbH, München

Laudate Dominum omnes gentes
Melodie und Satz: Jacques Berthier. Rechte: Ateliers et Presses de Taizé, 71250 Taizé-Communauté

Kyrie eleison
Satz: Heinz Martin Lonquich. Rechte: Carus-Verlag, Stuttgart

Nun singe Lob, du Christenheit
Text: Georg Thurmair. Rechte: Verlag Herder, Freiburg